AF276340

LOS AFECTOS MULTILINGÜES

LOS AFECTOS
MULTILINGÜES

SOFÍA MONZÓN RODRÍGUEZ

Valparaíso
EDICIONES

Número 403 de la Colección VALPARAÍSO DE POESÍA
dirigida por FEDERICO DÍAZ-GRANADOS

Diseño de colección: Chari Nogales
Maquetación: Ciclo Creativo

Primera edición: Abril de 2024

© De los poemas: Sofía Monzón Rodríguez
© Imagen de portada: María Jesús Monzón Rodríguez

© Valparaíso Ediciones
   C/ Fray Leopoldo, 7 bajo, 18014 Granada
   www.valparaisoediciones.es

ISBN: 978-84-10073-28-9
Depósito Legal: GR 451-2024

Impreso en España - *Printed in Spain*
Gráficas Gami

A mi madre y a mi hermana: las mujeres de mi vida

HILAR EL VERSO

Rompí la línea genealógica de un histórico saber.
Jamás aprendí a tejer, a unir las cuerdas mínimas
de las bobinas que por casa siempre corrían:

no me interesé por las agujas heredadas
ni me fascinó el dedal de plata, más bien
me negué a perderme entre los patrones y la lana.

Nunca memoricé los motivos del encaje,
los vaivenes del enhebrado o los secretos camuflados
en el ruido de la máquina eléctrica del portal.

Nunca logré abrir o cerrar un punto de cruz
o los ochos tan sencillos de los jerséis de marzo
pero te observé siempre con el hilo entre las manos.

Por eso podía descifrar el resultado
que se reflejaba por las tardes en el espejo negro
debajo de tus maternos párpados.

Remendadora inmaterial, siempre te recordaré
con los dedos entrelazos; con ellos dibujabas
en el aire escorzos sobrehumanos

o con las muñecas en alto para abrirle paso
al abrazo natural en el que se fundían
los tejidos con tus brazos.

Yo solo osé desordenarte las madejas
y jugar con los botones y retales de las telas
que traías de las rebajas cada año.

Ahora yo -como tú, con algo siempre entre las manos-
te recuerdo a través de este hilo de tinta
que tanto no dista de las ideas que en mí has bordado.

VERSOFALDISTA

Soñaba yo con ser,
como Gloria,
versofaldista
poeta de guardia
creadora de palabras
bravura literaria.
Deseaba yo aclamar
al cielo entre versos
como Teresa Santa,
o llegar a libros prohibidos
como Sor Juana,
o bendecir los cuerpos terrestres
como Gioconda,
y multiplicar mi dualidad
como Alejandra.
Soñaba yo con no soñarte,
quería revivirte
        transmutarte
            encauzarte.

Soñaba yo con ser tú
algún día:
con tus refranes
con tus manías
con tener la cabeza
entre las flores
y no en la crítica,
con abrirle el corazón

a las vides
y las manos
a
    la
        poesía.

LENGUA O TIERRA

Lengua
lengua madre
lengua casa
lengua tierra

Lengua
eres múltiple
eres tantas veces no correcta
eres cálida y directa

Lengua
que juegas conmigo
que me calmas
y me alteras

Lengua
en mi boca
en mis brazos
en mis planes
entre mis piernas

Lengua
contigo siento
contigo invoco
contigo vuelo

Lengua
mía en el grito
en el silencio
en la llama y en la niebla

Lengua
tan rápida
tan incrédula
tan certera

Lengua
doble
lengua media
lengua mística
que desea ser -en plural-
muchas lenguas

Lengua
bendita
maldita
lengua abierta

Lengua
de vida
lengua de amor
lengua muerta.

TRADUCIRME

Bebo agua y soy fluido: siento, trago, me alimento.
Flujos me dan vida y yo se la devuelvo.
Bajo este cuerpo de tierra quiero desenmascararlos
darles luz, darles el pecho, darles tregua o tormento.
Quiero que griten en armonía y que desafinen por dentro.
Que hablen, que escuchen, que describan, que reciten,
que hagan música, disonancias, cacofonías,
melodías rotas, onomatopeyas, poemas.
Quiero todas sus multiplicidades
porque todo lo que tengan que decir
será la manifestación de mi existencia
de mis fragmentaciones
de la virtualidad de mi inercia.
Como la rama de lo que seré mañana:
residuo de todo o madre de nada.

PROCESO DE BALCÓN EN CUARENTENA[1]

Nunca seré ya página en blanco:
los nuevos horizontes se reescriben
en medio de mi memoria
pero los recuerdos de mi natal legado
no consiguen desdibujarse.

El terreno, si bien estos inviernos
permanece nevado,
siempre llevará ese olor cálido-árido
y las líneas, *aperpendiculadas*,
son eternas llanuras en polvo.

En sed y olvido brotarán los pulgares:
savia escasa entre escasas aspas.
El lienzo permuta,
cambia de pincel
       de mano.

Los tonos dejan de ser de miel
pero son en proceso
siempre en el llegar a ser,
en la volatilidad de la fragmentación,
en el cambio de ciudad
       de lengua
       de continente
       del dador de amor.

[1] Este poema en su versión original se publicó por primera vez en la revista *Connections: Journal of Language, Media, and Culture*, vol. 1, no. 1, 2020 (86) como "Balcón en cuarentena / Quarantine Balcony in the Midst."

Todo se redibuja en mi multiplicidad
y el fondo, nunca ya blanco,
no dejará de ser el flujo de la página inicial.

FREE WRITING

"Inventa mundos nuevos y cuida tu palabra;
/ El adjetivo, cuando no da vida, mata".

VICENTE HUIDOBRO

Me dijeron una vez en una especie de típico cursillo
al que recomiendan a los internacionales asistir
-por nuestro bien, dicen, como si llegáramos
y aprender con los locales nos diera flojera de piernas-
que es cosa buena una técnica llamada *free writing*.
Yo, que no había oído nunca semejante disparate,
pensé que sería algún tipo de corrector de ortografía barata
pero no: solo necesitas un teclado
y recomiendan apagar la pantalla.
Escribe. Deja que las letras salgan:

dale a la M,
que fluya la U,
golpea la J,
que suene una E
y quizás así le siga la R.
Veamos. Mujer.

Mujer,
parece que te invoco.
Te tecleo esta noche doblemente oscura,
te quiero abducir
en una manera un tanto extraña.
Sé que existes; te he visto en mi sintaxis alterada.
Estás en mí y mi otro yo te llama:

mujer,
mujer de tierra
mujer de lengua
mujer sabia.

Sabia,
sabia no de pragmática
sabia del cosmos
sabia de lo voraz,
musa, maga.

Te escribo mujer de lana
mujer de llama
mujer sin dueño;
eres la mujer dentro de mí
la mujer debajo de mí
la mujer de mi cielo
la mujer de mi techo
la mujer de mi habitación
-aún no del todo propia-
de mi casa tampoco propia
pero sí de mi vida propia.

Mujer,
rara casualidad
compañera que vives en mí.
Dualidad:
tan armonía o tan lucha
femme fatale o madre santa
caprichosa o ecológica
carnívora o meditadora nata.

Mujer que rezas por mis flaquezas
cuando le fallo al mundo
o cuando pierdo habiéndole ganado al alba.

Mujer intacta, solo tú sigues virgen:
tu fuerza eterna aguarda en su jaula,
pájaro azul casi como el de Bukowski
pero tú no eres pajarraco modernista,
tú te ríes del cisne dariano
-lo devoras- pantera negra
de esta selva que es mi alma.
Mujer guardiana,
can cerbero con tres pares de alas.
Culmen de utopías,
tejedora de sueños
pero siempre centinela
de mis trémulos deseos.

Mujer sin rostro
a ti no te pueden poner cara;
te planeo con las agallas de mi madre
con las manos de mi hermana
con las múltiples cualidades de mis amigas,
las afroditas
las malinches
y también las arias:
todas llevan dentro una diosa que las reencarna.
Me hablas con el acento de antiguas profesoras
paganas apasionadas empoderadas,
y también resuena en ti la jerga mística
de otras tantas que encomendaron
a Dios su gracia.

A ratos adoptas la crítica materialista
como arma
pero es cierto,
sabes tan bien cuándo enfundar las palabras.

Mujer,
haces la guerra con tu boca
y así recibo tus mensajes,
tus profecías, a mis acciones mundanas.
Eres la individualidad solipsista
que me delata,
siempre en lucha constante
por llenar de orgullo
a tu *alter ego* clásica.

Mujer dentro de mí:
numen
calígine
palabra.

EXÉGESIS LINGUAE

Me mata el misterio del saber etéreo
un vanidoso infinito de trémulos preceptos,
yo tenazmente dispuesta a desmenuzarlos,
suavizarlos, sodomizarlos.

Se presentan en supernovas
que llevan siglos en latente parpadeo.
Yo quiero más que admirarlas:
con mis papilas debo saborearlas
con mis células necesito penetrarlas
y en el acto extremo de deseo,
hay noches en las que parece que llego:
ese nunca final orgásmico,
estampida de colores, fonemas, dolor.

El poder se me escurre,
intangible marea de conocimiento
o inalcanzable culmen:
exégesis lingüística
que no tiene dueño.

No puedo dominarte:
contraerte es matarte
matarte para beberte
beberte para saberte
saberte para ser libre
o no ser libre para siempre
salir a tu encuentro perpetuo.

VACÍO MULTILINGÜE

Se me ha atragantado la palabra,
no un fonema,
no una letra:
tengo atascada una palabra.
La creo perdida entre el corazón y la ataraxia.
La busco fuera de contexto,
creo hacer vida en un bilingüismo imperfecto,
aunque mi sistema no es tan preciso
como el teclado multilingüe de este ordenador
con el que cuento.

La línea que marca el instante
en el que dejas de pensar en una sola lengua
de sentir en una sola lengua
de sufrir en una sola lengua
es más discreta y escurridiza
que la configuración perfecta
de este documento.

La busco dentro de contexto,
pero el vacío se estremece.
La palabra no es palabra;
la palabra ni siquiera sabe
que la requiero.
Quiero darle vida, la preciso.
La intuyo o la imagino
pero no la poseo.

Creía haberla pensado al momento,
la necesitaba rigurosa
para concluir mi argumento.
Pero mi palabra no se materializa
en ninguna de las lenguas
que ahora mismo recuerdo.
Palabra, idea, símbolo,
¿cómo te deletreo?

Revuelvo mi parte materna del cerebro
para buscarte en la manera más innata
pero mi habla inherente no te reproduce.
Reabro la sección anglófona
de este laberinto que es el lenguaje
pero tampoco te hallo entre mil traducciones
y un puñado de dialectos.
Quizás las otras romances
podrían darte eco
pero permanecen mudas;
se niegan a participar
en esta cruzada de léxicos.

Esta biblioteca
-borgiana, en proceso-
compilada página a página
con cada viaje
con cada conversación
con cada experimento
no cesa en multiplicarse
y se complica o simplifica
en diferentes terrenos.

Puedo pensar en lo que designas,
visualizo tu elemento.
Eres lo que busca mi oración,
no necesitas plano o estrategia.
Te evaporas con tan poca sutileza,
dejando en evidencia mis cercanos
años de aprendiz.

Acabo describiendo,
al menos te comprendo
pero tú te empeñas en no surgir;
optas por el desconcierto.
Al final, un avispado entre la multitud
se atreve a pronunciar tu
ahora casi infame nombre.

La comunicación se hace posible
pero tú -palabra-
escurridiza y audaz,
te ríes de mí victoriosa,
arrojando luz a la agencia
que dentro del lenguaje acampa.

SAPIOSEXUAL

Me niego a seguir mordiendo de la manzana

    lo único que quiero es llegar con la mesa puesta

        a las líneas dispersas que señalan camino arriba tu
espalda

           yo deseo un festín a solas con las curvaturas
de tu mente privilegiada

              y así llegar al séptimo gozo con el
roce de mi lengua

                en tus sílabas
encontradas.

POETÍZAME LAS GANAS

I.

Quiero un tú y un yo
        sujeto
        objeto
        complemento
en predicado y en compañía,
una premisa sin pausas
un comando suicida
una cúpula infinita
        coordinada
        compulsiva,
con una dosis adversativa
que nos renueve las ganas
y las teorías para deconstruir
        la ortografía
        la geografía
        la Historia
        y la Poesía.

II.[2]

Déjame ser sujeto
verbo y predicado,
yo adornaré nuestra cópula
en el condicional y hasta en el pasado.

Te prometo definiciones compuestas
subjetivas, orgánicas o sincrónicas,
evoluciones causales, temporales
e incluso proposiciones filosóficas.

Léeme la cláusula de tu vida
                    tu nombre
                    tu elemento,
ven a ser mis cardinales
o mis ordinales carnales
o mi saliva en complemento.

Quiero que en imperativo
tus futuros se coordinen
                    adverbialmente
con mis posibles subjuntivos,
que nuestro léxico se renueve
y sea causativo, flexible, adversativo,
con sitio siempre para un par

[2] Este poema y su traducción al inglés se publicaron por primera vez en la revista de traducción *Transcultural: Journal of Translation and Cultural Studies*, vol. 12, no. 1, 2020 (69-71) como "A Poem and Its Self-translation: Poetízame las ganas / Turn My Yearning into Poetry."

de preposiciones
y un sinfín de sufijos aumentativos.

Quiero que sumemos,
que usemos las comas
y los puntos suspensivos,
que me escribas entre líneas
                entre piernas
                entre versos
                entre besos
con labios multilingües
y caricias sin signos interrogativos.

Que me respondas casi siempre
                en afirmativo,
que me rebatas algunas veces
                en argumentativo,
y nunca te olvides
de que soy texto y oralidad
                en exclamativo.
Yo rimaré mi género y número
con tu ombligo,
que es mi continente
                y es tu contenido.
Porque deseo que se nos cumplan
al tiempo, los hipotéticos causativos
para que me declines cada noche
                en genitivo
                en vocativo
o dejes espacio para algún que otro
                superlativo.

Que las elipsis que nos surjan
no sean relativas,
sino el resultado firme
de nuestros orgasmos apelativos
y que si comparas, nunca
haya lugar para los peyorativos.
Solo quiéreme
y quiéreme solo siempre:
en presente
en futuro,
en modo
definitivo.

COMO FLUYE UN 'TE QUIERO'

I.

Me dijiste el primer te quiero
con los párpados semi-abiertos
y los labios pegados a lo alto de mi cuello

me dijiste el primer te quiero,
lo tiraste contra mi espalda
y lo sentí como un abrazo de fuego

me dijiste el primer te quiero
pero en realidad fue el mío
el que dio comienzo al ansiado concierto.

II.

Te dije el primer te quiero,
lo lancé no sé si al techo
o a la pared o al cabecero
difícil describir el balanceo
de mis caderas cuando tú -todo
estás dentro: tus manos
y el fin de tu cuerpo

te dije el primer te quiero
a boca llena, en pleno apogeo,
en la cumbre del último orgasmo cósmico
que solo tus yemas han sabido congregar

me dijiste el primer te quiero,
respuesta inmediata a mi quejido ibérico,
a milésima de segundo
y no fue canon, fue un eco a contratiempo.

III.

Nos dijimos el primer te quiero
en la cumbre del sudor y el deseo
en mi espalda sobre tu pecho:
yo la cima y tú el cimiento

liberamos un primer te quiero,
dos palabras refugiadas en lugares
que los dos ya conocemos
pero que han salido de la guarida
del infierno, dispuestas a desterrar
a cualquier usurpador previo

hemos dado vida a nuestro primer te quiero
en el mejor escenario posible
en el cobijo más natural
en el colchón menos perecedero

le hemos dado rienda suelta a nuestro primer te quiero
en un paraíso de cuatro paredes
en un monte de medio metro
en nuestro cielo en blanco y negro

nos hemos regalado un primer te quiero
     —deseoso, exasperado
con urgencia en pronunciarse
con delirios de imprudencia,
impaciente por ser leído
por ser gritado
por hacerse hueco
por tirarse desde el trampolín de la mirada
a la piscina lavanda que ya no cubre ni amenaza.

IV.

Hemos transubstanciado nuestro primer te quiero,
desde las bocas recitado
y ahora anotado en mis versos
que también son nuestros

hemos descifrado nuestro primer te quiero
para dejar de ser soñado
en reinos lingüísticos ajenos

le hemos dado la palabra a nuestro te quiero
y las ocho letras anglosajonas
me han parecido el más libidinal de los rezos

nos hemos corrido un te quiero
            -o con un te quiero
inevitablemente expelido
desde lo más profundo
de nuestros océanos.

HISTORIA DE OTRO AMOR

"Para que nos amáramos, al fin,
/ ocurrieron todas las cosas de este mundo."

CRISTINA PERI ROSSI

Para que tú me amaras
tuvimos que inventar un nuevo idioma
con sus reglas gramaticales,
su fonética y su pragmática.

Dentro de este nuevo monumental
sistema -no normativo- fundacional,
a veces demasiado estoico
otras no tan primitivo,
hemos desarrollado un caudal nuevo:
armonía no siempre perfecta
sino natural y regenerativa
que lleva un signo altamente positivo
para cargar las leyendas
los eventos
los encuentros
de la Historia de tu tierra y mi reino.

Es decir,
para que tú y yo nos amáramos
hemos tenido que erigir el puente del símbolo
que canalizará el camino separador
                    de tu continente y mi pueblo.

AMOR DE HISTORIA Y VERSO

I.

Eres rodilla
extremidad y sustento,
catarata de sabiduría,
leyendas y mitos que compraría
traduciría
abrazaría
en mil lugares
y con mil ejemplos.

Eres personalidad furibunda,
mi antípoda y mi ropa de cama.
Recorrería otros cien paisajes
para toparme con tus ideas raras.

Eres ventana tapiada
con vanos trémulos,
tejidos con las madejas del mundo
sobre pilares que cargan
las batallas de nuestras civilizaciones
doradas.

Eres la Historia
cada día más olvidada,
me traes la anécdota
con la que combinas
mi aportación de filología anclada.

Eres, sin pensarlo,
mi editor más veloz,
mi crítico más severo,
pero dador de placeres
en todos los campos
donde florece esta bi-lengua mía
no adiestrada.

Eres mi mano comunicadora
en terrenos conocidos,
en los desconocidos
y en los que están aún por conocer.

Eres mi dios de la Reconquista:
rompedor de preceptos,
pionero en aclamar por
futuros lingüísticos inciertos.

Eres descubrimiento polar,
congelador de complejos,
adiestrador de temores,
batallón en mi templo.

Eres puño cerrado
        y también abierto,

mente fría y pies ardiendo,
desterrador de tabloides,
creador de mis más profundos pre-textos.

Eres mirada azul
no transparente:
misterio que admiro,
papiro sobre el que seguiré
escribiendo.

II.

Llegaste a mi vida
con los ojos ya abiertos
y tu azul supo empaparme
desde el primer parpadeo.

No recuerdo bien tu sonrisa
o no estoy segura de que la hubiera,
pero esa noche de vinos hispánicos
en el Oeste del casi Ártico
tus manos tocaron relieves
que aún no conocían.

Viniste con ese *sincericidio*
que cargamos los que
hemos llorado, rabiado,
apostado y aprendido
en el camino de la vida
en el rompeolas del amor

pero tu cuerpo de semillas celtas
se encontró acorralado
en un bar de tapas en tu propio país,
lejos de mi propio país,
fuera de tus raíces y las mías.

Tus escamas nórdicas
de naturaleza
de reliquias
de lenguas del pasado
elevaron bastiones en mi tierra llana
y ahora pasado y futuro
se encuentran para cumplir
el devenir de un amor celtíbero:

tú y yo
gloria y fuego

tú y yo
paraíso certero.

Escucha,
Tristán *und* Isolda
Romeo *e* Julieta
Calixto y Melibea
son solo pobres amantes,
sombras en el claroscuro
del ingenio del hombre,
siluetas sin carne
en el universo de las letras.

Tú y yo
somos un real imperio.

Tú y yo
volaremos cada cielo.

Me faltan manos para retenerte
en la demora de no vernos.
Me sobran labios para quererte
en los recuentos que nos debemos.
Me quedan días para extrañarte
en mis lares manchegos.
Me exceden ya las noches
para planear nuestro ansiado
reencuentro.

III.

Búho de azules dardos,
David de mármol,
quiero ser tu barco: Ulises,
no hay Penélopes esperándonos.
Yo zarparé contigo,
elevaré bastiones
en cada puerto conquistado.
Yo sangraré a tu lado
y te nombraré comandante:
Altazor, serás mi Alejandro Magno.
A ti quiero otorgarte mis Ítacas de piedra,
descubrirte todas mis leyendas negras,
regalarte un fruto ibérico eterno
y enseñarte que mi amor celtíbero
será tu mayor hito en la Tierra.

AL ESCUCHAR A OLDS, LEO A MI MADRE

Nunca me preguntas qué pasará
cuando los años se caigan.
Has trazado tu plan sin testigos,

sin huéspedes, sin croquis ni mapas.
Piensas que mi hermana y yo
no estaremos al completo

que el patio se estrechará
que tus gallinas dejarán de poner huevos
que el sótano -bodega antigua como tú-

será vertedero como los vacíos que imaginas
en tu mente inquisidora
llena de desconfianza o desilusión.

Quiero decirte que estaremos ahí, mamá.
Tu sufrimiento tendrá carne y memoria.
Nuestro futuro será tu próxima casa.

Vuelve la mirada a tus manos agotadas,
esas que tantos puentes y artificios
han levantado: a ellas les debes baños de sales

calor y merecida bonanza.
Deja de apuntalar tu cabeza sofocada
a base de creencias externamente proyectadas

que urgen a romper la paz de tu mirada.
Abrázate a la mañana con voz desahogada
y descuida poco a poco tu labranza.

Tus frutos han echado raíces largas.
Tus días, tus mañanas,
no habrán sido nunca vanas:

las semillas de tu lengua
brotan ya libres en las promesas
de nuestras hazañas.

FUTUROS IMPOSIBLES

Eres la misma mirada
de vida,
dices todo con ella:
cómo pueden sobrevivir
las pupilas a las emociones
sin estallar
sin desorbitarse
sin estrangularse entre tanto furor.

Lengua de mágica transparencia,
puedo leerte:
eres papiro con letra de fuego.
Han escrito en ti
te han emborronado
te han arrancado episodios;
hay acentos y marcas que no se despegan.
Son mi probable autoría.

Molde mío,
te pareces un poco a mí,
a mis sueños
a mis miedos.
Ensamblé en ti algunas profecías
más oscuras y modernas
que tu tradicional evangelio.

Te entregué varios meses de cielo,
tambaleé tu suelo
tu techo
tu pecho
pero tu mano se rehusaba a soltar la mía
cuando pedía a gritos el hundimiento.

Te dije tantas cosas que en realidad no dije,
me culpas del silencio,
de la no transparencia,
de la traducción no perfecta,
de no ser espejo o reflejo.
Porque yo soy puzle de dialectos rotos
y tus manos quisieron ser alfarero
para recomponer un cuerpo
no homogéneo.

Te he visto maldecir varios nombres
y a la vez arrepentirte por ello.
Ola de motor eterno,
motor puro
motor duradero,
motor cargado por un Dios que es el nuestro;
así te llevas mis miedos.
¿Cuáles son tus culpas?
Otros son los que vuelven a traerlos.

Mi alma descansó semi libre en tu sustento:
eres amor descuadrado
amor terremoto
amor imposible

amor dueño de nada
amor sin consejeros.

Podré quererte para siempre
porque no existen barreras
geopolíticas
transculturales
sociolingüísticas
kinésicas
que acechen en nuestro global terreno
porque eso es el mundo,
entonces las barreras invisibles
acampan libres sobre
el habla del deseo.

Te he cortado la palabra
más veces de las que recuerdo.
Te he ensamblado las ganas
menos veces de las que cuento.
He herido tus manos prodigiosas.
He parado a golpes tus latidos sin dueño.
   Te he escuchado.
     Te conozco como una hermana
      como una madre
       como se conocen los examantes
      los amigos sempiternos
     los enemigos que buscan el perdón
   los que se aman en el olvido y se buscan
y se multiplican en silencio.

Eres parte, fundamento y
objeto en mi transitiva vida.
Eres masa que cubrió las grietas
que el sol ibérico siempre derretirá
los meses de recolecta.

Eres mi enero,
comienzo alabameño,
el eco selvático de los ticos
el *folk* eufemístico de Nashville
las costas saladas del Golfo de México
las calles con orina y bourbon de New Orleans
las vistas de Dumbo desde el puente de Brooklyn
las aguas indígenas del Niágara cayendo
pese al frío
pese al hielo.

Eres el avión que perdimos
las despedidas en los aeropuertos
los sueños de la Costa Oeste
los planes no cumplidos en el epicentro,
los futuros en paraísos extranjeros.

Eres la marca de guerra de un fuego
                    a veces extinto
                    a veces en vela
para devastar mis bosques más pequeños.
Eres alma amiga
compasiva
decisiva
tan yo.

Quizás el culmen de todo lo que pediría
al amor sin complejos:
compañera perfecta
viajera incansable
aprendiz de hierro
sol cheroqui
que bronceó a medias mi cuerpo.

Te amaría una eternidad
en tiempos más ligeros:
somos amor tan fácil,
somos en complicado contexto.

Has odiado mi historia,
alimentado mis demonios,
has bailado con ellos.
Empieza un nuevo milenio
y yo anuncio con lo puesto:

Esta soy Yo. Multilingüe. Libre.
Libre con el recuerdo
        con el afecto,
contigo en un marco imperfecto.
Extrañaré siempre nuestros senderos.
Quizá un día volvamos a parar
el americano tren del sueño.

EL SUEÑO DUERME

I.

El sueño duerme
pero yo
desvelo,
tú:
eco de este mundo
fragmento de este planeta,
todo te parece ligero
todo te resulta mundano
todo una histórica opresión
que relatas noche y día
con cada canto
que tropiezas.

El sueño duerme
pero yo
desvelo,
tú:
fluido que no transforma,
sombra que no condensa,
madre que teme serlo -en futuro
que duda de si lo será
porque su vientre no se quema.

El sueño duerme
pero yo,
desvelo
en este sofá lejano
que no se encuentra entre mi tierra
que no es hogar ni es leña
que no se siente como debiera.

Aquí yo:
estrella invasora
límite de otro mundo
sabor anciano
color de oliva
y mechas de azafrán.

Soy principio y fin
de un proyecto declinado,
de una escala sin salida,
de un marchar sin rumbo
con un billete de solo ida.

Aquí yo:
en este frío mundo
lugar de todos los lugares
                menos el mío
lengua de todas las lenguas
                menos la mía
amor de todos los amores
                menos el que yo conocí.

Aquí yo:
fuente de pasión
bomba y manantial
monolito y glaciar
de otros tiempos.

Soy animal extraño
sin casa
        sin suelo
sin cuerpo
        sin tierra
sin masa
        sin faro
que me alumbre entre tinieblas.

El sueño duerme
pero yo
desvelo,
tú:
marea de (sub)consciencia,
te pierdes cada madrugada
sin esperar a que yo duerma.

II.

No es opción: tendré que huir
o verme perder para siempre de nuevo.

Otra casa más abandono en el camino.
El camino son ventanas
por las que salgo o entro
según la altura de la senda
que rodea mis cimientos.
Marcharme no fue una decisión
que tomé con la tripa vacía,
-no acostumbro a tener mis cavidades vacías
y aunque ando siempre ligera
-de equipajes o condenas
las pesas del patriarcado no levitan,
nos acompañan en una caza virtual:
y así soy hoy, mitad mujer mitad niña,
a ratos Zambrano
a ratos pseudo-sensualidad latina.

Me digo: medita,
tampoco tienes la sonrisa vacía.
Es difícil marchar, agarrarse
a unas riendas frágiles y fragmentarias,
doloroso saltar sobre charcos y saber que,
sin caer por completo,
viento y agua salpicarán de frente.
Claudico porque no eres tú.
Me retiro porque no veo en estos ojos de anoche
mi reflejo.

Pero qué imagen percibiré:
persigo una ilusión
        un fantasma
        una idea
        un Ulises
que aún no quiere volver a casa.

Y casa soy yo:
mi casa y tu futura casa
y quiero que vivas en mí,
que habites aquí donde
mi pecho se convierte en un gran porche
que sí vaciaré sin medidas
para que dejes caer
tus febreros,
pero tardas tardes en tocar a la puerta.

Mi tren no conoce frenos,
mis píes no le temen a los desvíos etéreos.
No soy salida de emergencia.
Yo soy la vía infinita
de un ferrocarril que no tiene miedo.

He olvidado cuál es mi puerto,
en este viaje que no cesa
te espero
y te espero
yo te espero.

III.

Como 'El viajero' partido en dos
de Bruno Catalano:
masa con el vientre perforado
que mira al porvenir de frente
pero camina con los ojos anclados
en el calor del hogar pasado.

MUDO IMPERIO

So old, yet so vibrant
So bohème, yet so rooted
So mischievous, yet so desired.
Oasis sapiosexual, vanguardismo extremo:
soy yo tan tú, mudo imperio.

De ti algunos volamos
mientras a ti otros tantos llegan:
en tus costas, niños yacen casi hombres
y el polvo que los cuerpos arrastran
nubla la vista de los que no están en pena.

Ayer el hombre se hizo viejo
para darle un giro a tu pasado
comprometido y también las mujeres
-viejas en alma o nuevas en vida-
olvidan historia y tiempo
en pro de discursos no demasiado esotéricos.

Envejeces con ellos por momentos,
y tus años de libertades cuentan
las horas
los días
los miedos
por sentir dolor de nuevo.

Tus hijos heredan
aquellas metamorfosis kafkianas
o los idealismos más quijotescos.
Algunos quieren cerrarte las puertas:
los sueños se escapan
cuando los muros apremian.

En el extrarradio mientan tus fronteras
—esos tentáculos una vez hambrientos—
y los condenan.
Hoy parecen seguir teniendo vida:
lenguas longevas como amenazas eternas.

En nuestra relación amor-odio
a veces llegas a avergonzarme
incluso cuando más te anhelo:
tú eres mis padres
tú eres mis letras
tú eres mi tronco
tú eres mi tierra

pero mis extremidades sueñan más
y desean más
y viven más
y viajan más
y aún te extrañan
y aún te detestan.

Tus ojos no son ya pupilas imperiales
pero siguen poniendo precio a lo que esperan.
Tu suerte es un camino largo
imperfectamente rodado:
lo que seas cuando vuelva
solo lo sabré a tiempo pasado.

MANOS DE PALABRAS

Manos vacías
ligeras,
llenas de comienzos
de anécdotas, palabras
de lenguas encontradas.

Me agarro a ellas
fuertemente, ferozmente, vorazmente
quiero recrearme en ellas,
volar con ellas,
multiplicarme entre ellas.

Quiero no soltarme jamás:
serán mi sustento
no imperante
no aclamado
—heredado—
y por eso las amo,

por eso las creo
por eso las declamo.

VACIARSE

Si pudiera desaprender
—resetear mi graduado—
revolucionaría mi legado
para dejarme guiar
solo por lo que amo

utilizaría el desgarro
para ganar hueco y vuelo
y desahuciarme de complejos:
quemaría los diplomas
desplumaría al profesorado

sangraría de pasión
deshojando manuales
—expropiando diccionarios—
me desvestiría de lenguas
de teorías de música de letras

renegaría de religión
—de monarcas y de guerras—
no me sacaría el carnet
ni aplicaría para becas
no me haría foto de pasaporte

ni me abonaría a las gacetas
no compondría un himno
ni cosería un uniforme
no visitaría el zoo
ni votaría a ningún hombre.

HOY-MAÑANA

"Quel jour sommes-nous / Nous sommes tous les jours"

JACQUES PRÈVERT

Hoy es, amor mío,
toda nuestra vida:
lo que hemos conocido
el peso de nuestros mapas.

Hoy es una línea curva
que a espirales se recarga,
una cuerda anudada
con flujos, cortes y garras.

Hoy es un plano multilingüe,
la inmanencia natural
de la multiplicidad de nuestras ganas.

Hoy es también mañana
y porque mañana será también mañana
y llamaremos también a hoy, mañana,

y será hoy-mañana toda nuestra carga,
te aseguro que hoy es ya pasado
y fingiremos que una lengua futura nos llama.

ANAGNÓRISIS PANDÉMICA

En un lugar
que casi no recuerdo,
siempre vivirá
una hermosa primavera
que se ha tornado muda
que se ha revestido de hiedra.

Estatua mía,
lengua finita,
en este instante de anagnórisis
te contemplo:
tus sueños yacen hoy
solo letra.

HOGAR TRANSATLÁNTICO

Tengo cientos de hogares
y no poseo ninguno.
En el este, un rosal que no da flores
y un charco lleno de sapos.
Miles de millas más abajo,
la grama crece y los grillos humedecen el llanto
pero en la casa
              casa trabajo
alzo la vista y los montes sustentan
mis sueños, mis ganas, mis pasos.
En el norte más norte habitado
dejé un oso que es perro,
o un perro que es niño,
un bebé abandonado.
En mi casa
          casa
                casa hogar patrio
tengo deudas, abrazos y lazos
que solo reclaman un remiendo al año.

MI CIELO MANCHEGO

qué difícil es dejarte   siempre que puedo
  cielo herido   cuando vuelvo a ti
    cielo henchido   mi cielo manchego
      cielo abierto   cielo invierno
        cielo fuego   cielo beso
          cielo fuero
          cielo duelo

ÍNDICE